AF454647

28. auril 1565.

DECLARATION
ET INTERPRETATION
DV ROY SVR L'EDICT DE
l'Eflection d'vn Iuge & quatre Có-
fuls en fa ville de Paris.

Contenant le pouuoir à eux octroyé par ledict Seigneur en l'exercice de leur Jurifdiction.

A PARIS,

1620.

Auec Priuilege dudit Seigneur.

DECLARATION ET

INTERPRETATION DV
Roy sur l'Edict de l'Election d'vn Jn-
ge & quatre Consuls en sa ville de Pa-
ris.

CHARLES par la gra-
ce de Dieu Roy de
France, A nos amez &
feaulx les gens tenans
nos Cours de Parlement, Baillifs,
Seneschaulx, & tous autres nos Iuges qu'il appartiendra, & à chacun
d'eux, Salut. Nos chers & bien amez
les Marchans & Gardes de la Drap-
perie, Espicerie, Mercerie, Orfeurerie,
Pelleterie, & la Communauté des

marchans de vin & poiſſon de mer
demeurans en noſtre bonne ville &
cité de Paris, nous ont par leur dele-
gué tres-húblement faict remonſtrer,

Que depuis que pour bonnes cauſes & iuſtes conſiderations , nous a-
uons en noſtre dicte ville eſtably la Iuriſdiction d'vn Iuge & quatre Conſuls des Marchans : Les Iuges ordi-
naires & Conſeruateurs des priuileges d'icelle , & autres nos Iuges ont
par diuers moyens empeſché, & chacun iour empeſchent le cours de ladicte iuriſdiction : ſoubs couleur que
le pouuoir que nous auons attribué
auſdits Iuges & Conſuls n'eſt ſi am-
plement & particulierement declaré
par ledict Edict, qu'il eſt requis: Et le
contenu en iceluy eſt par eux reſpecti-
uement interpreté & reſtrainct à leur
aduantage.

Ce qui a cauſé pluſieurs difficultez

& controuerses, dont sont procedez
diuerses sentences, deffenses, iuge-
més, & arrests contraires à nostre dict
Edict: qui rend ladicte Iurisdiction
illusoire, s'il n'y estoit par nous pourueu: Nous supplians declarer nos
vouloir & intention, à fin que lesdicts
Iuges & consuls des Marchans sça-
chent la forme de soy comporter en
l'exercice de ladicte Iurisdiction &
execution entiere de nostre dict Edict
comme ils desirent.

SCAVOIR faisons, Que de-
sirans singulierement iustice estre ad-
ministrée à nos subjects par les
Iuges que leur auons commis, sans
qu'aucun excede le pouuoir à luy attribué, & que par entreprise ou autrement l'vn n'empesche l'autre au
cours de la Iurisdiction qui luy est
commise: Et apres auoir fait voir en
nostre Conseil la requeste & remon-

A iij

ftrances defdicts Marchans, auec plufieurs fentences, iugemens & arrefts
donnez tant en noftre Cour de Parlement à Paris, qu'autres noz Iuges:
les reliefs d'appel & requeftes ref-
ponduës pour releuer plufieurs appellations de fentences données par
lefdicts Iuges & Confuls pour fom-
mes non excedans la fomme de
cinq cens liures : & deffenfes faictes
à nos fergens de faire aucuns exploits
ou adiournemens, & d'executer les
fentences & mandemens d'iceux Iuge
& Confuls:

AVONS par l'aduis & meure
deliberation d'iceluy noftredict Con-
feil, en interpretant noftredict Edict
Et pour feire ceffer à l'aduenir les difficultez & empefchemens fufdicts,
Dict, declaré, voulu & ordonné, di-
fons, declarons, voulons & ordon-
nons par ces prefentes, de nos cer-

taines fcience, pleine puiffance & auctorité Royale,

Que les Iuge & Confuls des Marchans eftablis en noftre-dicte ville
de Paris, cognoiffent & iugent en
premiere inftance de tous differends
entre marchans habitans de Paris,
pour marchandife venduë ou acheptée en gros ou en deftail : Sans que
pour raifon de ce noftre Cour de
Parlement à Paris, ou autres nos Iuges en puiffent prendre aucune cour,
cognoiffance & iurifdiction, foit par
appel ou autrement : Sinon és cas
qui excederót la fomme de cinq cens
liures tournois fuyuant ledict Edict,
Et laquelle entant que befoing eft
ou feroit, nous leur auons de rechef
interdicte & tres-expreffément defen-
duë, interdifons & defendons par ces
prefentes.

Et quant à la marchandife venduë

ou acheptée, ou promiſe liurer, &
payemét pour icelle deſtiné à faire en
ladicte ville par les marchans en gros
& deſtail, tant habitans de ladite ville,
qu'autres Iuriſdictions, & réſſorts de
noſtre Royaume, par cedules, promeſ
ſes ou obligations, encore qu'elles
ſoient paſſées ſoubs le ſeel de noſtre
Chaſtelet de Paris, Auons iceux Iugé
& Conſuls deſdicts Marchans de noſtre dicte ville de Paris declarez & de
clarons Iuges competans : & à eux,en
tát que beſoin eſt, de nouuel attribué
& attribuons la congnoiſſance & iuriſ
diction des differés qui naiſtrót entre
leſdits marchás pour les cas que deſſus

Pour raiſon dequoy nous voulons
tous leſdicts marchans y eſtre con-
uenus, appellez & iugez, nonobſtant
les fins d'incompetance & de renuoy
qu'ils pourroient requerir en vertu
de nos lettres de Committimus par-

deuant

deuant les gens tenans les Requeſtes
de noſtre Hoſtel , ou Requeſtes de
noſtre Palais à Paris: Comme payeurs
de compagnie , & autres de nos Officiers, qui font traffique de marchandiſe , conſeruateurs des Priuileges des
Vniuerſitez : Comme Meſſagers &
autres Officiers d'icelles , qui ſont
Marchans , par le moyen des Priuileges qu'aucuns d'eulx voudroyent
pretendre leur auoir eſté donnez au
contraire paa nos predeceſſeurs , con-
firmez par nous , & verifiez en noz
Cours. Dont pour ce regard, & entant qu'ils ſont Marchans, nous les a-
uons dés à preſent comme pour lors,
deboutez & deboutons : Et auſdits
Priuileges , pour ce regard, derogé &
derogeons de nos pleine puiſſance &
auctorité Royale , par ceſdictes preſentes.

Ne voulans iceux Iuge & Conſuls

y auoir aucun esgard, ains leur permettons passer outre: nonobstant op-
positions ou appellations d'incompetance, qui pourroyent estre interiectees en fraude, & sans preiudice d'i-
celles: demourans lesdicts Priuileges
en autres choses en leur entier, declarons non receuables toutes appellations interiectees des sentences & iugemens donnez par lesdicts Iuge &
Consuls entre Marchans pour faict
de marchandise, & pour sommes non
excedans la somme de cinq cens liures
tournois, iusques à laquelle nous leur
auons permis iuger.

Et defendons à nos amez & feaux
les Maistres des Requestes de nostre
Hostel, ou garde des Seaux de noz
Chancelleries, & à noz Secretaires, ex-
pedier aucunes lettres de relief. En-
semble à nos Cours de Parlement res-
pondre aucune requeste pour cest ef-

fect, ny bailler commiſſions pour faire appeller les parties. Comme auſſi deffendons à tous Procureurs occuper & ſoy charger deſdites cauſes d'appel, ny de celles des Marchans, qui voudront pour faict de marchandiſe decliner la Iuriſdiction deſdits Iuges & Conſuls.

Et au cas de contrauention, auons permis & permettons auſdits Iuge & Conſuls des Marchans, proceder contre les parties condamnées, par mulctes & amendes pecuniaires, applicables moitié aux pauures de l'aumoſne generale de ladicte ville, & l'autre moitié pour l'entretenement de la place commune deſdits Marchans : Pourueu que leſdites amendes n'excedent la ſomme de dix liures tournois.

Et pourtant qu'au moyen deſdictes deffenſes faictes par aucuns de nos Iuges, pluſieurs nos ſergens ont refuſé

& refuſent faire les exploits & adiournemens qui leur ſont preſentez à faire
par leſdits marchans, les vns contre les
autres, pour faict de marchandiſe, aſſiſter aux ſieges deſdits Iuge & Conſuls
pour le ſeruice de Iuſtice, & executer
leurs commiſſions, ſentences & mandemens: encores qu'il leur ſoit par ex-
pres enioinct par noſtredict Edict:
Nous en leuant leſdictes deffenſes, cō-
me faictes contre nos vouloir & inté-
tion, Auons de rechef enioinct, & par
exprés cōmandons à noſdicts ſergens
d'aſſiſter aux ſieges deſdits Iuge & Cōſuls quand requis en ſeront: Et outre,
faire tous exploits & adiournemens
qui leur ſeront, comme dict eſt, bail-
lez à faire par leſdits marchans, pour
les cauſes que deſſus: Et auſſi mettre à
execution tous mandemens, commiſſions & iugemens donnez par leſdits
Iuge & Cōſuls, ſans aucune remiſe ou

dilation, ne demander placet, *visa*, *ne
pareatis* : à peine de priuation de leurs
offices.

Et à ceste fin deffendons à tous nos
Iuges de aucunement empefcher lefdicts fergens en faifant & executant
ce que deffus, à peine de refpondre en
leurs noms des defpens, dommages &
interefts des parties procedans defdits
empefchemens.

S I vous mandons, & à chacun de
vous endroict foy expreffémét enioi-
gnons, Que noftredict Edict, fi veri-
fié n'a efté, enfemble les prefentes nos
lettres de Declaration, vous faites lire,
publier & enregiftrer, fans aucune re-
ftrinction, modification ne difficulté
y faire: à fin que lefdicts marchans ne
foient contraints recourir à nous pour
ceft effect.

Mandons à nos Procureurs gene-
raux efdictes Cours, & leurs fubftituts

eſdicts ſieges, en requerir la verifica-
tion,& iceluy Edict, & tout le contenu és preſentes faire entretenir, garder
& obſeruer de poinct en poinct ſelon
leur forme & teneur:Sans troubler ne
empeſcher leſdits Iuge & Conſuls de
noſtredicte ville de Paris,ny leſdits ſergens en l'executió du contenu en icelles, ſur les peines que deſſus : Nonobſtant quelſconques Ordonnances,
Edicts,mandemens,defenſes & lettres
à ce contraires.

Et pour ce que de ces preſentes l'on
pourra auoir affaire en pluſieurs & diuers lieux, & eſt beſoin que chacun
marchand entéde le pouuoir par nous
attribué auſdits Iuge & Cóſuls: Nous
voulós qu'aux vidimus d'icelles deuë-
ment collationnez aux originaux par
l'vn de noz amez & feaulx Notaire &
Secretaire, ou Notaires Royaux, foy
ſoit adiouſtée comme au preſent ori-

ginal, & iceluy puiſſent faire impri-
mer, ſans pour ce demander autres
lettres de congé & permiſſion pour ce
faire. Car tel eſt noſtre plaiſir. Donné
à Bourdeaux le vingthuictieſme iour
d'Auril, l'an de grace mil cinq cens
ſoixante cinq, Et de noſtre regne le
cinquieſme.   Ainſi ſigné.
Par le Roy en ſon Conſeil,
                    HVRAVLT.

Et ſeellées du grand ſeel en cire
iaulne.

LEVES, publiées & enregistrées,
oy sur ce le Procureur general du Roy, con-
formément à ses conclusions, ainsi qu'il est
contenu en l'arrest interuenu sur icelles.
A Paris, en Parlement, le dix-neufuies-
me iour de Iuillet l'an mil cinq cens soi-
xante cinq.

Ainsi signé,   DV TILLET.